*II EDIZIONE*

---

Mottola, 1998

Ho implorato il cielo per uno spiraglio di luce, ma,

nella notte, nel buio più nero, la mia preghiera, sola,

si perde, con un sospiro amaro.

Uno sguardo sperduto nel vuoto, una lacrima e mille

pensieri.

Sono giorni che non dormo, che non mangio, che non

parlo. E' terribile!

Il silenzio rimbomba nelle mia mente, l'inattività mi

distrugge di stanchezza, l'ozio logora i nervi.

Desiderio di correre, di correre sempre, di non fermarmi mai, se non nel nulla.

Sono un essere inqualificabile, sono colui che nessuno forse vorrebbe essere. Sono divorato dall'amore per lei, dal dilemma che è in lei, il cui tormento diventa sempre più insostenibile; le guardo gli occhi lucidi, impauriti, impotenti, che cercano in tutti i modi di comunicare con i miei, ed io, un perfetto imbecille, rimango lì, quasi indifferente, chiuso come un riccio, muto come un pesce, imbecille come un imbecille; mi sento suo prigioniero, mi sento un automa diretto dalla volontà di qualcuno che inspiegabilmente mi spinge a soffrire, ad amare, a tormentarmi.

Perché, mio Dio, mi hai creato così incapace, incapace di comprendere la vita, incapace di prendere una decisione, incapace di far felice un essere umano, la più dolce, la più sensibile tra le creature in attesa del dono più bello della vita?

Dio, come ti amo!

Dio, come la amo!

E' lei, lei che stringe fra le sue mani il mio cuore, domina il mio orgoglio, quello stesso orgoglio che

---

non è bastato né a soffocare i miei sentimenti né a risolvere i mille "perché" che assillano la mia mente, ma che è crollato di colpo come un pugile al suo primo round, così inspiegabilmente, dopo essere stato da sempre l'asse del mio carattere, riuscendo così a contrastare chiunque, a lottare, a vincere... ed ora, forse, a dover soccombere.

Non l'ho voluta amare, ma, ora più di prima, l'amo. Non l'ho voluta amare perché sapevo che avrei sofferto in maniera tale da dover desiderare di non esistere più, di vagare nel vuoto, nell'infinito, nel baratro del nulla, lontano, lontano da questo mondo ingannatore, ipocrita, bastardo.

E' incinta. E come la prima volta che me lo ha detto, ha il volto rigato dalle gelide lacrime che scendono giù per il collo a bagnare il petto ansimante, i suoi occhi spalancati chiedono pietosamente aiuto, le mani tremanti adagiate sul ventre sembrano quasi proteggere quella creatura embrionale, causa delle nostre ansie, dei nostri pianti, della spaventosa situazione di due diciassettenni con il terrore di diventare genitori, ma, nonostante tutto, sempre frutto del nostro amore e dono della bontà divina.

Tra i singhiozzi della disperazione, sono solo, in ginocchio, davanti al suo grembo e di fronte alla mia vigliaccheria. Un'unica, eterea luce in fondo a tanto buio rianima le mie pupille fisse. E' lì, nascosto, rannicchiato, muto, ma vero, vivo. Un esserino con un cuoricino in cui è già racchiusa la grandezza della vita con tutte le sue imperfezioni ma anche con la forza dell'amore. L'incontro di due passioni, l'abbraccio di due corpi, l'intensità di un sentimento si è materializzato, ha preso forma, il grande mistero della potenza del Creatore si è manifestato ed io sono il misero mezzo di tale grandiosità.

Quanto mi sento piccolo e quanto insufficienti sono le mie considerazioni nel tentativo di capire. Ciò che ora la mia mente mi impone è il rifugio di accettare qualsiasi altra imposizione mirante all'impedimento che quel meraviglioso mistero si manifesti in tutta la sua bellezza.

No, non può! Nostro figlio non può essere considerato un "giocattolo genetico" nelle mani criminali di un aborzionista. Non può perché il suo inconsapevole e silenzioso grido di morte rimarrebbe per sempre nella stupida testa di suo padre, di un padre che solo ora ha capito che non ha nessun diritto di cancellare con una inflessibile presa di posizione i fantasmi del passato solo per raggiungere la propria apparente serenità interiore.

Purtroppo, troppo spesso, l'ignoranza della razza umana porta a formulare giudizi contro ogni morale, a compiere azioni di cui un giorno si potrebbe pentire, ma tale ignoranza, come un grosso gigante di argilla, tanto estesa quanto fragile nella sostanza, spero – anzi ne sono certo - un giorno potrà essere spazzata via dalla ragione, dal buon senso di un'Umanità maturata ed ormai convinta di poter volare oltre il muro del materialismo, verso un mondo in cui tutti, e dico tutti, dal vecchio rincitrullito stanco di vivere all'handicappato costretto a trascorrere il resto dei suoi giorni su una carrozzella, dal barbone abitante dei ponti gettato in un cartone tra i rifiuti del consumismo al malato terminale al quale restano solo poche ore di vita, dall'extracomunitario che ti importuna ai semafori tra il frenetico e caotico traffico cittadino all'emarginato tossicodipendente dal viso pallido e gli occhi spenti, tutti, possano essere considerati come tali, come uomini uniti dalle loro diversità, degni di appartenere al mondo creato da Dio almeno quanto i modelli artefatti di una società che guarda alla esteriorità, all'oggettività della realtà, non curandosi dei valori e dei diritti umani, scavalcati per troppo lungo tempo dall'utopia di una vana fotografia futuristica progressista.

E allora, ti chiedo scusa figlio mio, scusa per la mia inscusabile incertezza, scusa per la mia ignoranza, perdonami se ho dubitato sul tuo diritto di esistere e se la mia titubanza ha fatto soffrire tua madre. Spero, anzi sono sicuro, che tu, o figlio mio, tu sarai un uomo di gran lunga migliore di tuo padre, e che nei momenti difficili, come questi, sappia guardare all'orizzonte, oltre il tutto, oltre il niente.

Ormai ho deciso: tu vivrai figlio mio, vivrai nella consapevolezza di avere diritto ai tuoi diritti, e ricorda che nessuna legge umana potrà mai sostituire quella voce interiore dettata dall'amore verso il prossimo, dalla morale cristiana, dal volere divino.

Nessuno può arrogarsi l'autorità di stabilire, di mutare ciò che ci è stato donato dall'imperscrutabile volere del Fattore dell'Universo.

La guardo, le sfioro il volto, avverto istantaneamente un palpito confuso, un desiderio di stringerla a me, un'inarrestabile intimo fremito e non vi sono parole con le quali poter esprimere quel tenero e delicato sentimento che si sviluppa in un incantevole attimo di smarrimento.

-Non dirmi nulla...- le sussurro all'orecchio, accarezzandole il grembo -...è tutto superfluo !

Non dirmi nulla ...

... è tutto finito !-

Io, ora, amo.

# L'autore

*Dionigi Cristian Lentini nasce a Mottola, nella Bassa Murgia pugliese, nel 1980.*

*Ingegnere, professore, formatore e divulgatore scientifico, dimostra sin da piccolo un'innata passione per la Storia, la Mitologia e la Letteratura.*

*Durante gli anni del Liceo, seguendo le orme paterne, ama scrivere aforismi, poesie e partecipa ad alcuni concorsi letterari locali e nazionali. Nel 1998 è 2° Classificato al "Premio Nazionale - Ori di Taranto" con la recensione al libro "Acque sante, acque marce" di Tommaso Di Ciarla ed è finalista al "Concorso Europeo - Chi ha diritto ai diritti dell'uomo ?" con l'opera "Soliloquio per la vita".*

*Nel 2005 si laurea in Ingegneria Informatica all'Università degli Studi della Calabria con una tesi sperimentale sulla crittografia e protocolli di sicurezza delle reti wireless; già prima di terminare il corso accademico magistrale collabora con il Dipartimento di Elettronica, Informatica e Sistemistica (D.E.I.S.) dell'UNICAL, pubblicando alcuni lavori in campo di ricerca scientifica.*

*L'anno successivo si abilita alla professione di Ingegnere e viene iscritto all'Albo principale dell'Ordine degli Ingegneri della Provincia di Taranto. Negli anni avrà ruolo attivo in diverse Commissioni dell'Ordine professionale e nei vari passaggi dell'attività ordinistica.*

*Dal 2005 al 2006 lavora a Roma come Analyst Consultant in Capgemini Italia, una multinazionale che opera nel campo della consulenza informatica, dell'outsourcing e della fornitura di servizi; in questa breve ma intensa esperienza ha modo di partecipare a diversi progetti in campo hi-tech, della difesa e dell'aerospazio in collaborazione con Galileo Avionica, Alenia Aeronautica, BAI, ecc. e di far pratica in campo di web-applications, progettando e sviluppando le prime piattaforme di home banking per diversi stakeholder finanziari.*

*E' di questo periodo il componimento poetico "Historiae ara", il suo "Dantis iter in deum" tra i Grandi della Storia, che poi confluirà ed aprirà "Pantheon Magnorum", pubblicato successivamente (2009).*

*Nell'ottobre 2006 entra a far parte del Gruppo Finmeccanica, prima come Ingegnere all'Innovazione Tecnologica, Ricerca e Sviluppo (R&D Engineer), poi come ICT Engineer, lavorando con passione ed orgoglio per oltre un decennio al programma aeronautico internazionale B-787 (Boeing "Dreamliner Program").*

Nel 2009, oltre al succitato "Pantheon Magnorum", pubblica il suo primo romanzo storico: "Storia romanzata della Guerra di Troia", un'opera per ragazzi che rivisita l'immortale classico di Omero.

Nello stesso anno vedranno la luce alcuni compendi e cronologie storiche, tra le quali:

- "Riassunto Cronologico di Storia Universale" (che raccoglie i lavori "Riassunto cronologico degli eventi storici riguardanti il periodo compreso tra la nascita della civiltà mesopotamica e la caduta dell'Impero Romano d'Occidente", "Riassunto cronologico degli eventi storici riguardanti il periodo compreso tra le invasioni barbariche e la scoperta del nuovo mondo", "Riassunto cronologico degli eventi storici riguardanti il periodo compreso tra la scoperta del nuovo mondo e la caduta di Napoleone", "Riassunto cronologico degli eventi storici riguardanti il periodo compreso tra il Congresso di Vienna e l'età dell'Imperialismo", "Riassunto cronologico degli eventi storici riguardanti il periodo compreso tra la Prima Guerra Mondiale e il 2000", prodotti durante gli anni liceali);

- "Cronologia della Storia d'Italia" (raccolta dei lavori "Storia d'Italia (800 a.C.-1815 d.C.): dalla colonizzazione greca al Congresso di Vienna", "Storia

---

d'Italia (1815 a.C.-1861 d.C.): dall'età della Restaurazione all'Unità", "Storia d'Italia (1861 a.C.-1994 d.C.): dall'Unità alla Seconda Repubblica");

- "Cronologia della Storia di Mottola";

- "Res Gestae Populi Romani" (cronologia degli eventi riguardanti la storia dell'Antica Roma);

- "Ellade Eterna" (cronologia degli eventi riguardanti la storia dell'Antica Grecia);

- "Il fascino irresistibile dell'Antico Oriente" (cronologia degli eventi riguardanti la storia dei popoli dell'Antico Oriente);

- "Capi di Stato" (elenco cronologico dei Capi di Stato di Italia, Francia, Russia, Gran Bretagna, Germania, Belgio, Svezia, Danimarca, Spagna, U.S.A., Roma, S.R.I.G.);

- "Pontifex" (elenco e note storiche di tutti i Pontefici della Chiesa Cattolica da San Pietro a Benedetto XVI);

- "Annales Rerum Orbis" (raccolta omnia delle suddette cronologie, con l'aggiunta di "Egitto", "Alphabeti", "Calendari", "Storia delle Scienze", "Storia della Matematica", "Storia della Medicina",

"Storia della Fisica nucleare", "Mitologia Universale", "Bandiere dal mondo", "Cronologia di Storia dell'Arte");

e le due raccolte cartografiche:

- "Cartografia politica d'Italia"(riproduzione delle mappe geografiche politiche della penisola italiana dai popoli italici ai giorni d'oggi);

- "I Grandi Imperi" (carrellata di mappe geografiche politiche dei più grandi territori organizzati della civiltà umana attraverso 5000 anni di Storia).

Sempre dal 2009 si occupa anche di web-mastering ed approfondisce lo studio e lo sviluppo di applicazioni web e su dispositivi mobili.

Nel 2010 consegue il Master in General Management "BEST – Business Education Strategic Ten" ed è articolista per diverse riviste del settore informatico tra le quali "SecurInfo" e "Hacker Journal.

Nel 2011 è commissario esperto per il GAL "Luoghi del Mito", docente esperto esterno per alcuni progetti negli istituti scolastici e per diversi corsi di formazione professionale organizzati dall'Ordine degli Ingegneri della Provincia di Taranto.

Dallo stesso anno è Perito e Consulente Tecnico d'Ufficio c/o il Tribunale di Taranto per cause civili e penali con specializzazione in IT security e Digital Forensics.

Nel 2016 pubblica gli estratti:

- "Tecnologie wired e wireless: protocolli di sicurezza delle reti di comunicazione";

- "Cryptography: la crittografia alla base delle tecnologie moderne";

- "Hacking Technology - Tecnologie e Hackers";

e il libro di poesie "Come una farfalla" ", tradotto anche in lingua inglese col titolo di "Like a butterfly", nel quale l'autore raccoglie le composizioni poetiche del periodo liceale-universitario.

L'anno successivo rende pubblica un'altra raccolta di poesie composte durante il quinquennio universitario: "9 miliardi di oscillazioni di Cesio".

Dal 2017 è docente ordinario di Tecnologia presso il Ministero dell'Istruzione, dell'Università e della Ricerca e Presidente della Commissione ICT dell'Ordine degli Ingegneri di Taranto.

Nel 2019 pubblica il saggio dal titolo "PraisING - Elogio dell'ingegnere", dopo quasi un secolo dall'opera omonima di E.

Hoover, ed infine il romanzo "L'uomo che sedusse la Gioconda".

Da sempre attratto da tutti i giochi con forte componente riflessiva e strategica, per Cristian la vita è una dura partita a scacchi con il destino: mentre le lancette dell'orologio scandiscono l'incedere del tempo, è assolutamente vietato mollare un istante, vietato abbattersi, vietato illudersi... bisogna solo impegnarsi ed andare avanti fino allo scacco matto !

Il suo aforisma preferito ?

"Il mondo appartiene agli entusiasti capaci di non perdere la calma" di William McFee.

www.ingramcontent.com/pod-product-compliance
Lightning Source LLC
Chambersburg PA
CBHW051409280526
45784CB00007B/3158